BEI GRIN MACHT SICH I
WISSEN BEZAHLT

- Wir veröffentlichen Ihre Hausarbeit,
  Bachelor- und Masterarbeit

- Ihr eigenes eBook und Buch -
  weltweit in allen wichtigen Shops

- Verdienen Sie an jedem Verkauf

Jetzt bei www.GRIN.com hochladen
und kostenlos publizieren

Oliver Ilg

Typische Anwendungen von Arrays in Kombination mit einer for-Schleife

Minimal-, Maximal- und Durchschnittswerte ermitteln

GRIN Verlag

Bibliografische Information der Deutschen Nationalbibliothek:

Die Deutsche Bibliothek verzeichnet diese Publikation in der Deutschen National-
bibliografie; detaillierte bibliografische Daten sind im Internet über http://dnb.d-
nb.de/ abrufbar.

Dieses Werk sowie alle darin enthaltenen einzelnen Beiträge und Abbildungen
sind urheberrechtlich geschützt. Jede Verwertung, die nicht ausdrücklich vom
Urheberrechtsschutz zugelassen ist, bedarf der vorherigen Zustimmung des Verla-
ges. Das gilt insbesondere für Vervielfältigungen, Bearbeitungen, Übersetzungen,
Mikroverfilmungen, Auswertungen durch Datenbanken und für die Einspeicherung
und Verarbeitung in elektronische Systeme. Alle Rechte, auch die des auszugsweisen
Nachdrucks, der fotomechanischen Wiedergabe (einschließlich Mikrokopie) sowie
der Auswertung durch Datenbanken oder ähnliche Einrichtungen, vorbehalten.

Impressum:

Copyright © 2010 GRIN Verlag GmbH
Druck und Bindung: Books on Demand GmbH, Norderstedt Germany
ISBN: 978-3-640-59714-7

Dieses Buch bei GRIN:

http://www.grin.com/de/e-book/145538/typische-anwendungen-von-arrays-in-
kombination-mit-einer-for-schleife

GRIN - Your knowledge has value

Der GRIN Verlag publiziert seit 1998 wissenschaftliche Arbeiten von Studenten, Hochschullehrern und anderen Akademikern als eBook und gedrucktes Buch. Die Verlagswebsite www.grin.com ist die ideale Plattform zur Veröffentlichung von Hausarbeiten, Abschlussarbeiten, wissenschaftlichen Aufsätzen, Dissertationen und Fachbüchern.

Besuchen Sie uns im Internet:

http://www.grin.com/

http://www.facebook.com/grincom

http://www.twitter.com/grin_com

XXX
(BERUFLICHE SCHULEN)
XXX

Unterrichtsentwurf

zum 1. beratenden Unterrichtsbesuch

Erstellt von L. i. A. **xxx**, Kurs: xxx

Ausbilder:	Mentor:
xxx	xxx

Ausbildungsfach:	Unterrichtsfach:	Schule:	Schulart:
Informationstechnik (IT)	Informationstechnik, Angewandte Technik, Bereich Software- und Webentwicklung	xxx Schule	Berufsschule

Klasse:	Raum:	Zeit:	Datum:
BK2	xxx	xxx Uhr	##.##.####

Thema der Unterrichtsstunde:

Minimal-, Maximal- und Durchschnittswerte ermitteln. Typische Anwendungen von Arrays in Kombination mit einer for-Schleife.
(LPE 3)

Versicherung:

Ich versichere, dass ich den Unterrichtsentwurf selbstständig angefertigt, nur die angegebenen Hilfsmittel benutzt und alle Stellen, die dem Wortlaut oder dem Sinn nach anderen Werken entnommen sind, durch Angabe der Quellen als Entlehnungen kenntlich gemacht habe.

xxx, ##.##.####

_____

xxx

INHALTSVERZEICHNIS

| 1 | ANALYSE DER RAHMENBEDINGUNGEN | 1 |

1.1 Klassenstruktur ... 1
1.2 Anthropogene Voraussetzungen ... 1
1.3 Soziokulturelle Voraussetzungen ... 1
1.4 Räumliche Voraussetzungen ... 1

2 DIDAKTISCHE ANALYSE ... 2

2.1 Didaktische Struktur ... 2
2.2 Stoffauswahl ... 3
2.3 Stoffschichtung ... 3
2.4 Lernziele ... 4
2.4.1 Schlüsselqualifikationen/allgemeine Lernziele ... 4
2.4.2 Fachliche Lernziele ... 4
2.4.2.1 Grobziel ... 4
2.4.2.2 Feinziele ... 4

3 METHODISCH-MEDIALE ANALYSE ... 5

4 LITERATUR ... 6

5 VERLAUFSPLANUNG ... 7

6 MEDIEN IN DER REIHENFOLGE DES EINSATZES ... 8

7 ANLAGEN ... 9

7.1 Informationsblätter zu Arrays, for und Combobox ... 9
7.2 Arbeitsblatt Rabattrechner (zum Thema Arrays, for und Combobox) ... 14
7.3 Codeausschnitt zum Arbeitsblatt 7.2 Rabattrechner ... 15
7.4 Arbeitsblatt Notenrechner ... 17
7.5 Codeausschnitt zum Arbeitsblatt 7.4 Notenrechner ... 18
7.6 Relevante Lehrplanauszüge ... 20

1 Analyse der Rahmenbedingungen

1.1 Klassenstruktur

Klasse:	BK2xx
Schülerzahl:	12
Geschlecht:	männlich: 11
	weiblich: 1
Altersstruktur:	16 - 20 Jahre
Ausbildungsbetrieb:	keine

1.2 Anthropogene Voraussetzungen

Das Leistungsniveau der Klasse schätze ich als mangelhaft mit einer Tendenz hin zu ausreichend ein. Gemäß Lehrplan sollten sämtliche Schüler die Grundlagen der prozeduralen Programmierung beherrschen, was nicht der Fall ist.

1.3 Soziokulturelle Voraussetzungen

Die Klasse BK2xx, Gruppe A setzt sich aus elf Schülern und einer Schülerin zusammen. Fünf Schüler sind türkischstämmig. Die grundlegende Fähigkeit der Textanalyse sowie des Textverständnisses schätze ich als mangelhaft ein. Daher lege ich auf die Schulung in diesen Bereichen besondere Gewichtung.

1.4 Räumliche Voraussetzungen

Der Theorie- und Praxisunterricht des zweijährigen technischen Berufskollegs findet in den Räumen xx sowie yy, statt. Es stehen ausreichend Einzelarbeits-plätze mit Rechner sowie Netzwerkanschluss zur Verfügung. Diese sind in U-Form ausgerichtet. In der Mitte befinden sich Tische ohne Rechner zur Erarbeitung theoretischer Kenntnisse. Der Unterrichtsraum ist ausgestattet mit einem großzügigen Whiteboard sowie einem Beamer mit Projektionsfläche auf der weißen Wand oberhalb der Tafel. Die Helligkeit der Raumlampen ist nicht regulierbar.

2 Didaktische Analyse

2.1 Didaktische Struktur

Das Thema „Minimal-, Maximal- und Durchschnittswerte ermitteln. Typische Anwendungen von Arrays in Kombination mit einer for-Schleife" der vorliegenden Unterrichtseinheit ist eingebettet in die Lehrplaneinheit 3. Zu den bereits behandelten Themen gehören die Bestandteile Datentypen (Arrays sind auf theoretischer Ebene erarbeitet), Deklaration sowie die Kontrollstrukturen if und for (ebenfalls auf theoretischer Ebene erarbeitet) derselben Lehrplaneinheit. Im Anschluss wird mit der praktischen Umsetzung des in der Theorie erarbeiteten Stoffes anhand fallorientierter Übungen fortgefahren.

Vorstruktur:

> **Einführung in Arrays**
> **Einführung in die for-Schleife**

⇩

Hauptstruktur:

> **Minimal-, Maximal- und Durchschnittswerte ermitteln. Typische Anwendungen von Arrays in Kombination mit einer for-Schleife**

⇩

Nachstruktur:

> **Arrays in Kombination mit einer for/if – Struktur anhand von fallorientierten Übungen programmieren.**

2.2 Stoffauswahl

Die Stoffauswahl erfolgt unter Berücksichtigung des Lehrplans. Ich habe die Lehrplaneinheit 3 ausgewählt, weil gemäß Lehrplan auf die Nutzung bekannter Strukturen/Abläufe (Datentypen, Deklaration, Definition, Kontrollstrukturen sowie Typumwandlungen) einzugehen ist. Da die Mehrzahl der Schüler diese Grundlagen nicht beherrscht, erarbeite ich diese zwangsweise im Unterricht, da ansonsten nicht mit einer Einführung in die objektorientierte Programmierung fortgefahren werden kann.

Durch die theoretische Erarbeitung des Minimal-, Maximal-, beziehungsweise Durchschnittswertbildungsalgorithmus anhand des Rollenspiels „Model-Agentur" stellt diese Unterrichtseinheit einen direkten Gegenwarts-, Vergangenheits- und Zukunftsbezug der Schüler her.

Über den Unterrichtseinstieg sollen die Schüler durch gedankliches Versetzen in die Rolle einer Casting Agentur in das Rollenspiel eingeführt und in diesem genannten Algorithmus mit Hilfestellung meinerseits an der Tafel selbständig erarbeiten. Mithilfe dieser Methode soll die Verinnerlichung des Gelernten erleichtert werden. Ziel ist, dass die Schüler den Algorithmus im Anschluss an die Unterrichtseinheit in der fallorientieten Übung Notenrechner programmatisch umsetzen können.

2.3 Stoffschichtung

Entfällt gemäß Information von Dozent xx.

2.4 Lernziele

2.4.1 Schlüsselqualifikationen/allgemeine Lernziele

- Förderung der Fachkompetenz durch gemeinsame Wissenserarbeitung und Dokumentation in Form eines durch die Schüler erstellten Tafelanschriebs
- Förderung der Methodenkompetenz durch angeleitete Erstellung des Tafelanschriebs
- Förderung der Sozialkompetenz durch gemeinsames Lösen einer Aufgabe sowie durch Diskussionen
- Förderung der Individualkompetenz durch selbständige Wissenserarbeitung sowie durch praktische Umsetzung des im Rollenspiel gelernten.

2.4.2 Fachliche Lernziele

2.4.2.1 Grobziel

Die Schüler sollen Minimal-, Maximal- und Durchschnittswerte eines Arrays mithilfe einer for/if Struktur ermitteln können.

2.4.2.2 Feinziele

Die Schüler sollen

- lernen, wie ein Array deklariert und initialisiert wird

- eine for/if-Struktur zum Wecke der Ermittlung des Minimal-, Maximal- sowie des Durchschnittswerts eines Arrays programmieren können

3 Methodisch-mediale Analyse

Entfällt gemäß Information von xx.

4 Literatur

- keine

5 Verlaufsplanung

IT Technisches Berufskolleg II	Klasse: BK2xx	Datum: 18.11.2009	Dauer: 45 Minuten

LPE: 3 Nutzen bekannter Strukturen/Abläufe	Thema: Minimal-, Maximal- und Durchschnittswerte ermitteln. Typische Anwendungen von Arrays in Kombination mit einer for-Schleife.

Lernziel: Die Schüler sollen Minimal-, Maximal- und Durchschnittswerte eines Arrays mithilfe einer for/if Struktur ermitteln können.

Unterrichts- phase	Geplanter Unterrichtsverlauf	Unterrichts- medien	Zeit (bis)
Motivation	Einführung in des Rollenspiel „Casting Agentur"	Tafel	**5 Min.** (07:50)
Zielangabe	**L:** schreibt Text „Minimal-, Maximal- sowie des Durchschnittswerts eines Arrays ermitteln" an die Tafel	Tafel	**1 Min.** (07:51)
TZ 1- 4: - Dekl. und Init. eines Arrays - Programm- ierung einer for/if- Struktur	Rollenspiel „Casting Agentur"	Tafel	**30 Min.** (08:21)
Gesamtziel- kontrolle	**L:** „Wisst Ihr nun, wie Ihr den Minimal-, Maximal- sowie den Durchschnittswert eines Arrays ermitteln könnt?" **S:** „Ja" (und zeigt auf den an der Tafel erstellten Algorithmus).	Tafel	**9 Min.** (08:30)

6 Medien in der Reihenfolge des Einsatzes

Nachfolgend eine tabellarische Auflistung, gefolgt von den entsprechenden Vorlagen:

- nicht relevant für diesen Unterrichtsentwurf

7 Anlagen

7.1 Informationsblätter zu Arrays, for und Combobox

Infoblätter: Arrays / for / ComboBox

Theorie zu
Arrays, for-Schleife und ComboBox

Datenfelder (Arrays)

Arrays, manchmal auch als Datenfelder bezeichnet, ermöglichen es, eine nahezu beliebig große Anzahl Variablen gleichen Namens und gleichen Datentyps zu definieren. Unterschieden werden die einzelnen Elemente nur über die Position im Datenfeld. Diese Art des Zugriffs bezeichnet man als Indizierung. Arrays kommen insbesondere dann zum Einsatz, wenn in Programmschleifen auf alle oder einen Teil der Elemente dieselben Operationen ausgeführt werden sollen.

→ **Die Deklaration und Initialisierung eines Arrays**

Die Deklaration eines Arrays wird am besten an einem Beispiel verdeutlicht:

```
int[] myArr;
```

Mit dieser Anweisung wird das Array myArr deklariert, das Integerzahlen beschreibt. Um wie viele es sich handelt, ist noch nicht festgelegt. Die Kennzeichnung als Array erfolgt durch die eckigen Klammern, die hinter dem Datentyp angegeben werden müssen, danach folgt der Bezeichner des Arrays. Das Array myArr ist zwar deklariert, aber noch nicht initialisiert. Insbesondere benötigt die Laufzeit eine Angabe darüber, wie viele Elemente sich im Array befinden. Arrays werden folgendermaßen initialisiert:

```
myArr = new int[3];
```

Die Anzahl der Array-Elemente, man spricht auch von der Größe des Arrays, geht aus der Zahlenangabe in den eckigen Klammern hervor: In unserem Fall verwaltet das Array myArr genau drei Integerzahlen. Die Angabe in den eckigen Klammern der Initialisierung ist immer eine Zahl vom Typ int. Die Anzahl der Elemente eines Arrays ergibt sich aus der Angabe in den eckigen Klammern bei der Initialisierung. Eine alternativ gleichwertige Deklarations- und Initialisierungsanweisung ist einzeilig und bietet sich insbesondere an, wenn bei der Deklaration bekannt ist, wie viele Elemente das Array haben soll:

```
int[] myArr = new int[3];
```

Alle Elemente dieses Arrays sind danach mit dem Wert 0 vorinitialisiert.

→ **Der Zugriff auf die Array-Elemente**

Bei der Initialisierung eines Arrays werden die einzelnen Elemente durchnummeriert. Dabei hat das erste Element den Index 0, das letzte Element den Index: Anzahl der Elemente − 1. Ein Array, das mit

```
double[] dblArr = new double[3];
```

deklariert und initialisiert worden ist, enthält somit drei Elemente:

```
dblArr[0]
dblArr[1]
dblArr[2]
```

→ **Der Zugriff auf die Array-Elemente (Fortsetzung)**

Wollen Sie auf ein bestimmtes Element zugreifen, beispielsweise um den Inhalt auszuwerten oder einen neuen Inhalt zuzuweisen, geschieht das ebenfalls über den Index, der hinter dem Array-Namen in eckigen Klammern angegeben wird. Betrachten wir zur Verdeutlichung wieder das mit

```
int[] myArr = new int[3];
```

deklarierte Array, das drei Elemente enthält. Beabsichtigen wir, dem ersten Element des Arrays die Zahl 55 zuzuweisen, müsste die Anweisung wie folgt lauten:

```
myArr[0] = 55;
```

Analog erfolgt auch die Auswertung des Elementinhalts durch die Angabe des Indizes. Nach der Anweisung:

```
int iVar = myArr[0];
```

hat die Variable iVar den Wert 55.

Programmschleifen: Die for-Schleife

Schleifen dienen dazu, Anweisungsfolgen wiederholt auszuführen. Dabei wird zwischen zwei Schleifentypen unterschieden:

* bestimmte Schleifen
* unbestimmte Schleifen

Ist beim Schleifeneintritt bekannt, wie oft die Anweisungsfolge durchlaufen werden muss, wird von einer bestimmten Schleife gesprochen. Ergibt sich erst während des Schleifendurchlaufs, wann die zyklische Bearbeitung abgebrochen werden kann oder muss, spricht man von unbestimmten Schleifen. Die Grenzen zwischen diesen beiden Typen sind dabei nicht eindeutig, sondern können durchaus verwischen. Eine bestimmte Schleife kann wie eine unbestimmte agieren, eine unbestimmte wie eine bestimmte.

→ **Die for-Schleife**

Die for-Schleife ist eine bestimmte Schleife. Man setzt eine for-Schleife zumeist dann ein, wenn bekannt ist, wie oft bestimmte Anweisungen ausgeführt werden müssen. Die allgemeine Syntax des for-Schleifenkonstrukts sieht dabei wie folgt aus:

```
for (Ausdruck1; Ausdruck2; Ausdruck3)
{
      Anweisung1;
      Anweisung2;
      Anweisung3;
}
```

Die for-Schleife setzt sich aus zwei Komponenten zusammen: aus dem Schleifenkopf, der die Eigenschaft der Schleife beschreibt, und aus dem sich daran anschließenden Schleifenblock in geschweiften Klammern, der die wiederholt auszuführenden Anweisungen enthält. Handelt es sich dabei nur um eine Anweisung, kann auf die geschweiften Klammern verzichtet werden.

→ **Die for-Schleife (Fortsetzung)**

Um die Anzahl der Durchläufe einer for-Schleife festzulegen, bedarf es eines Schleifenzählers, dessen Anfangswert durch Ausdruck1 beschrieben wird. Der Endwert wird im Ausdruck2 festgelegt, und im Ausdruck3 wird schließlich bestimmt, auf welchen Betrag der Schleifenzähler bei jedem Schleifendurchlauf erhöht werden soll. Dazu ein Beispiel:

```
for(int counter = 0; counter < 10; counter++)
{
    MessageBox.Show("Zählerstand = {0}",counter);
}
```

Der Schleifenzähler heißt hier counter. Sein Startwert beträgt 0, und er wird bei jedem Schleifendurchlauf um den Wert 1 erhöht. Erreicht counter den Wert 10, wird das Programm mit der Anweisung fortgesetzt, die dem Anweisungsblock der Schleife folgt.

Führen wir den Code aus, werden wir nacheinander Message Boxes mit den folgenden Ausgaben erhalten:

```
Zählerstand = 0 (Test der ersten Messagebox)
Zählerstand = 1 (Text der zweiten Messagebox)
Zählerstand = 2 ..
Zählerstand = 3
...
Zählerstand = 8
Zählerstand = 9 (Text der letzten Messagebox)
```

Weil der Schleifenblock nur eine Anweisung enthält, könnte die for-Schleife auch wie folgt codiert werden:

```
for(int counter = 0; counter < 10; counter++)
Console.WriteLine("Zählerstand = {0}",counter);
```

→ **Die Arbeitsweise der »for«-Schleife**

Stößt der Programmablauf auf eine for-Schleife, wird zuerst Ausdruck1 – auch Initialisierungsausdruck genannt – ausgewertet. Dieser initialisiert den Zähler der Schleife mit einem Startwert. Der Zähler der Schleife in unserem Beispiel wird mit dem Startwert 0 initialisiert.

Ausdruck2, der Bedingungsausdruck, wertet vor jedem Schleifendurchlauf den aktuellen Stand des Zählers aus. Im Beispiel von oben lautet die Bedingung:

```
counter < 10
```

Der Bedingungsausdruck kann unter Einbeziehung der diversen Operatoren beliebig komplex werden, muss aber immer ein boolesches (wahr/falsch) Ergebnis haben. Der Anweisungsblock wird nur dann ausgeführt, wenn Ausdruck2 true ist, ansonsten setzt das Programm seine Ausführung mit der Anweisung fort, die dem Schleifenblock folgt.

Ausdruck3 (Reinitialisierungsausdruck) übernimmt die Steuerung des Schleifenzählers. Er wird dazu benutzt, den Schleifenzähler entweder zu inkrementieren (hochzählen) oder zu

→ **Die Arbeitsweise der »for«-Schleife (Fortsetzung)**

dekrementieren (herunterzählen). In unserem Fall wird der Zähler jeweils um +1 erhöht. Die Erhöhung erfolgt immer dann, wenn der Anweisungsblock der Schleife durchlaufen ist. Danach bewertet der Bedingungsausdruck den neuen Zählerstand.

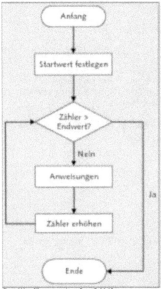

Das Ablaufdiagramm der »for«-Schleife

→ **Die Zählervariable**

Grundsätzlich gibt es zwei Möglichkeiten, die Zählervariable zu deklarieren, die für das Abbruchkriterium herangezogen wird:

- innerhalb des Schleifenkopfs
- vor der Schleife

Welcher Notation Sie den Vorzug geben, hängt davon ab, über welche Sichtbarkeit der Zähler verfügen soll. Soll die Zählervariable nur innerhalb der Schleife sichtbar sein, so sollten sie die Zählervariable im Schleifenkopf deklarieren. Soll die Zählervariable hingegen auch von anderen Programmteilen verwendet werden können, so sollten sie diese außerhalb des Schleifenkonstrukts, jedoch aber vor der Schleife deklarieren.

ComboBox

→ Eine ComboBox mit Werten füllen:

1.
Erstellen Sie einen String-Array mit den Werten, welche Sie der ComboBox zuweisen möchten.

Beispiel: `string[] Eingabewerte = {"Gestern","Heute","Morgen" };`

2.
Weisen Sie die Werte Ihres Arrays der ComboBox unter Verwendung einer for-Schleife zu:

Beispiel:
```
for (int i = 0; i < Eingabewerte.Length; i++)
{
      cbEingabe.Items.Add(Eingabewerte[i]);
}
```

Wenn die ComboBox wenige und statische! Elemente enthalten soll, so können sie diese alternativ auch wie folgt mit Werten befüllen:

```
cbEingabe.Items.Add("Gestern");
cbEingabe.Items.Add("Heute");
cbEingabe.Items.Add("Morgen");
```

→ Abfrage des selektierten (ausgewählten) Werts einer ComboBox:

Die Methode `SelectedIndex` ruft den Index des derzeit ausgewählten Wertes Ihrer ComboBox ab. Der Index des zweiten Wertes ist die 2, etc.

Beispiel: Ausgewählter Wert: „Gestern" → `cbEingabe.SelectedIndex` liefert 0
Ausgewählter Wert: „Heute" → `cbEingabe.SelectedIndex` liefert 1
Ausgewählter Wert: „Morgen" → `cbEingabe.SelectedIndex` liefert 2

7.2 Arbeitsblatt Rabattrechner (zum Thema Arrays, for und Combobox)

Arbeitsblatt: Rabattrechner

Einzelarbeit zu
if, Arrays, for und ComboBox

Ausgangslage:
Sie arbeiten für einen Autoverkäufer, dem bei seinen Kunden ein äußerst merkwürdiges Verhalten aufgefallen ist: entweder waren seine Kunden bei einem Autokauf zuerst etwas verdattert über den Verkaufspreis, nach kurzem Überlegen überglücklich und haben sich nach dem Kauf jeweils sehr schnell verabschiedet, oder sie waren über seinen genannten Verkaufspreis derart entrüstet, dass sie sein Geschäft ohne weiteren Kommentar verlassen haben. Zudem steht es um die finanzielle Situation des Geschäfts sehr schlecht, obwohl das Geschäft brummt! Ihr Boss ist ratlos und bittet sie um Hilfe.

Selbstverständlich stellen sie als hervorragender Prozenterechner sehr schnell fest, dass Ihrem Vorgesetzten die äußerst wichtigen, grundlegenden Prozente-rechnen Fähigkeiten abhanden gekommen sind – sprich Ihr Chef schlicht oft einen falschen Verkaufspreis berechnet. Da der Rabatt vom PKW Typ abhängig und verschieden ist, schlagen sie Ihrem Vorgesetzten vor, für Ihn ein PC-Programm zu entwickeln, welches ihm den Verkaufspreis zuverlässig und übersichtlich ausrechnet. Ihr Chef ist von ihrem Vorschlag derart begeistert, dass er sie auf der Stelle befördert.

Aufgabe:
Entwickeln sie einen Rabattrechner, der wie folgt aussieht:

Ihr Chef soll zuerst einen PKW-Typ auswählen. Abhängig vom ausgewählten PKW-Typ und der Eingabe des Listenpreises, soll Ihr Rabattrechner die folgenden Berechnungen ausgeben:

1) Betrag Rabatt   :der Betrag, um welchen sich der PKW verbilligt
2) Verbilligung   :die Prozentzahl, um welche sich der PKW verbilligt
3) Endpreis   :der Katalogpreis abzüglich des Rabatt-Betrags

Bei Auswahl des PKW-Typs „Toyota" wird automatisch mit einer 5% Verbilligung, bei „Audi" mit 10% und bei „Ferrari" mit 15% gerechnet. Wenn kein PKW-Typ ausgewählt wird, soll eine MessageBox mit dem Text „Bitte wählen Sie zuerst einen PKW Typ aus!" angezeigt werden.

7.3 Codeausschnitt zum Arbeitsblatt 7.2 Rabattrechner

```
using System;
using System.Collections.Generic;
using System.ComponentModel;
using System.Data;
using System.Drawing;
using System.Linq;
using System.Text;
using System.Windows.Forms;

namespace Rabattrechner
{
    public partial class rabattrechner : Form
    {
        string[] typen = new string[3];
        double katalogpreis, verbilligung, rabatt, endpreis;

        public rabattrechner()
        {
            InitializeComponent();

            typen[0] = "Toyota";
            typen[1] = "Audi";
            typen[2] = "Ferrari";

            for (int i = 0; i < typen.Length ;i++)
            {
                cbxPKWTyp.Items.Add(typen[i]);
            }
            //cbxPKWTyp.SelectedIndex = 0;
            txbPreis.Text = "0";
        }


        private void cmdBerechne_Click(object sender, EventArgs e)
        {

            katalogpreis = Convert.ToDouble(txbPreis.Text);


            if (cbxPKWTyp.SelectedIndex == 0 || cbxPKWTyp.SelectedIndex == 1
|| cbxPKWTyp.SelectedIndex == 2)
            {
                if (cbxPKWTyp.SelectedIndex == 0)
                {
                    verbilligung = 5;
                }
                if (cbxPKWTyp.SelectedIndex == 1)
                {
                    verbilligung = 10;
                }
                if (cbxPKWTyp.SelectedIndex == 2)
                {
                    verbilligung = 15;
                }
                txbVerbilligung.Text = verbilligung + " %";
                rabatt = katalogpreis * (verbilligung / 100);
                txbRabatt.Text = rabatt + "€";
```

```
                endpreis = katalogpreis - rabatt;
                txbEndpreis.Text = endpreis + " €";
            }
            else
            {
                MessageBox.Show("Bitte wählen Sie zuerst einen PKW-Typ aus");
            }

        }


        private void cmdBeenden_Click(object sender, EventArgs e)
        {
            Application.Exit();
        }

        private void cbxPKWTyp_SelectedIndexChanged(object sender, EventArgs
e)
        {
            katalogpreis = Convert.ToDouble(txbPreis.Text);


            if (cbxPKWTyp.SelectedIndex == 0 || cbxPKWTyp.SelectedIndex == 1
|| cbxPKWTyp.SelectedIndex == 2)
            {
                if (cbxPKWTyp.SelectedIndex == 0)
                {
                    verbilligung = 5;
                }
                if (cbxPKWTyp.SelectedIndex == 1)
                {
                    verbilligung = 10;
                }
                if (cbxPKWTyp.SelectedIndex == 2)
                {
                    verbilligung = 15;
                }
                txbVerbilligung.Text = verbilligung + " %";
                rabatt = katalogpreis * (verbilligung / 100);
                txbRabatt.Text = rabatt + "€";
                endpreis = katalogpreis - rabatt;
                txbEndpreis.Text = endpreis + " €";
            }
            else
            {
                MessageBox.Show("Bitte wählen Sie zuerst einen PKW-Typ aus");
            }

        }


        }
    }
```

7.4 Arbeitsblatt Notenrechner

Arbeitsblatt 4: Notenrechner

Einzelarbeit zu
If, Arrays, for und ListBox

Ausgangslage:

Sie arbeiten weder als Autoverkäufer, noch als Fitnesstrainer und auch nicht als EC-Automaten-Programmier. Diesmal sind Sie einfach Sie selbst, also eine Schülerin oder ein Schüler.
Sie möchten ein Programm zur einfachen Berechnung Ihrer Schulnoten erstellen, welches Ihnen eine Übersicht über alle Noten gibt und Ihnen automatisch die Durchschnittsnote sowie die beste und die schlechteste Note anzeigt. Die Noten möchten Sie einzeln in Ihr Programm einlesen können.

Aufgabe:

Entwickeln sie das Notenprogramm, gemäß folgenden Anweisungen und Screenshots:
1. Bei Eingabe einer Note > 6 oder < 1 wird die Fehlermeldung:„Tragen Sie eine Note zwischen 1 und 6 ein" angezeigt und das Eingabefeld nicht gelöscht.
2. Bei Eingabe von mehr als 15 Noten wird die Fehlermeldung „Sie dürfen höchstens 15 Noten eingeben. Bitte starten Sie das Programm neu." angezeigt und das Eingabefeld nicht gelöscht.
3. Nach Klick auf Note einlesen, soll das Eingabefeld wieder leer werden
4. Die Durchschnittsnote soll auf zwei Nachkommastellen gerundet, angezeigt werden

Wichtige Hinweise zu Listbox:

Die eingelesenen Noten sollen in einer sogenannten ListBox (lbxNoten) angezeigt werden. Der Listbox fügen Sie einen Eintrag wie folgt hinzu: lbxBlaBla.Items.Add(IhrEintrag);

7.5 Codeausschnitt zum Arbeitsblatt 7.4 Notenrechner

```csharp
using System;
using System.Collections.Generic;
using System.ComponentModel;
using System.Data;
using System.Drawing;
using System.Linq;
using System.Text;
using System.Windows.Forms;

namespace Notenrechner
{
    public partial class Notenrechner : Form
    {
        //Variabel Deklarationen für die Ausgaben average, best, worst
        double besteNote = 6;
        double schlechtesteNote = 1;
            double durchschnitt;

        //Array Deklaration für die zu speichernden Noten
        double[] noten = new double[15];

        //Hilfsvariabel-Deklarationen:
        int i = 0;
        int j ;
        double summe = 0;


        public Notenrechner()
        {
            InitializeComponent();
        }


        private void btnEinlesen_Click(object sender, EventArgs e)
        {
            //0. Prüfen, ob eine Note zwischen 1 und 6 eingetragen wurde
            if (Convert.ToDouble(txbEingabe.Text) <= 6 &&
Convert.ToDouble(txbEingabe.Text) >= 1)
            {

                //1. Prüfen, wie viele Noten bereits gespeichert wurden
                if (i < 15)
                {
                    //2. Einlesen der Note in das Array, Indexzähler erhöhen,
damit nächste Note eingelesen werden kann
                    noten[i] = Convert.ToDouble(txbEingabe.Text);
                    i++;

                    //3. Anzeige der Note in der Listbox
                    lbxNoten.Items.Add(i + ". Note: " + noten[i - 1]);

                    //Gesamtes Noten-Array durchlaufen
                    summe = 0; //Summe vor jedem Klick auf Einlesen auf 0
setzen!!!
                    for (j = 0; j < i; j++)
                    {
                        //4. Berechnung des Durchschnitts
                        summe = summe + noten[j];
                        durchschnitt = summe / (j + 1);
```

```csharp
                    //5. Berechnung der besten Note
                    if (noten[j] < besteNote)
                    {
                        besteNote = noten[j];
                    }

                    //6. Berechnung der schlechtesten Note
                    if (noten[j] > schlechtesteNote)
                    {
                        schlechtesteNote = noten[j];
                    }
                }

                //7. Ausgaben
                txbDurchschnitt.Text =
Convert.ToString(durchschnitt.ToString("0.##"));
                txbBeste.Text = Convert.ToString(besteNote);
                txbSchlechteste.Text =
Convert.ToString(schlechtesteNote);
                txbEingabe.Text = ""; //Eingabefeld leeren um Irritation
zu vermeiden
            }

            else
            {
                //2. Fehlermeldung anzeigen, wenn bereits 15 Noten
eingegeben wurden
                MessageBox.Show("Sie dürfen höchstens 15 Noten eingeben.
Bitte starten Sie das Programm neu");
            }
        }
        //0. Es wurde keine Note zwischen 1 und 6 eingetragen:
        else
        {
            MessageBox.Show("Tragen Sie eine Note zwischen 1 und 6 ein");
        }
    }

    private void btnBeenden_Click(object sender, EventArgs e)
    {
        Application.Exit();
    }
    }
}
```

7.6 Relevante Lehrplanauszüge

Ministerium für Kultus, Jugend und Sport
Baden-Württemberg

Schulversuch
41-6623.1-16/1
vom 20. Mai 2009

Lehrplan
für das Berufskolleg

Technisches Berufskolleg II

Informationstechnik

Schuljahr 1

Baden-Württemberg

Der Lehrplan tritt
am 1. August 2009
in Kraft.

Technisches Berufskolleg II   Schulversuch 41-6623.1-16/1 vom 20.05.2009
LS-FB 4   23.10.09/gl   BK-TBK-II_Informationstechnik_06_3605_02.doc

20 von 28

Lehrplanübersicht

Schuljahr	Lehrplaneinheiten	Zeitricht-wert	Gesamt-stunden	Seite
1	1 Objektorientierte Programmierung	30		5
	2 Gestaltung von Websites mit Style Sheets	30	60	5
	Zeit für Leistungsfeststellung und zur möglichen Vertiefung		20	
			80	

Schuljahr 1   Zeitrichtwert

1   Objektorientierte Programmierung   **30**

Die Schülerinnen und Schüler erstellen mit Hilfe einer grafischen Entwicklungsumgebung Programme. Dabei wenden sie Konzepte der Objektorientierung an. Die Schülerinnen und Schüler analysieren und dokumentieren Programme in UML-Notation.

Konzepte der Objektorientierung
– Objekte
– Attribute
– Methoden/Operationen
– Klassen
– Assoziationen
– Vererbung
– Interaktionen zwischen Projekten
– Sichtbarkeit
– Konstruktoren   Destruktoren

Darstellung in UML-Notation
– Klassendiagramm
– Sequenzdiagramm

2   Gestaltung von Websites mit Style Sheets   **30**

Die Schülerinnen und Schüler begründen die Trennung von Inhalt und Gestaltung in Publikationen und die sich daraus ergebende Arbeitsteilung. Sie erstellen eine Website mit Seitenelementen und Style Sheets unter Anwendung der spezifischen Syntax.
Die Schülerinnen und Schüler unterscheiden verschiedene Methoden, die Style Sheets in eine Website einzubinden und setzen die Methoden entsprechend ihrer Eigenschaften ein. Dabei unterscheiden sie Style Sheets für Formatierung und Layout. Beim Erstellen von Style Sheets nutzen sie das Prinzip der Vererbung und ordnen Inhalte mit dem Boxmodell an. Sie pflegen eine Webseite mit gängigen Methoden.

Grundprinzip der Trennung von Inhalt und   Web,
Gestaltung   Print, z. B. DTP mit XML

Style Sheets
– Syntax nach W3C
– Selektoren
– Einbinden von Style Sheets
– Vererbung
– Boxmodell und Platzierung

Aufbau einer Website mit Style Sheets
– Seitenelemente   Listen, Menüs, Formulare, Tabellen
– Style Sheets für Formatierung und Layout

Pflege von Webseiten   FTP, Content-Management-System

Ministerium für Kultus, Jugend und Sport
Baden-Württemberg

Schulversuch
41-6623.1-16/1
vom 20. Mai 2009

Lehrplan
für das Berufskolleg

Technisches Berufskolleg II

Angewandte Technik
Schwerpunkt
Software- und Webentwicklung

Schuljahr 1

Der Lehrplan tritt
am 1. August 2009
in Kraft.

Technisches Berufskolleg II
LS-FB 4   23.10.09/gi
Schulversuch 41-6623.1-16/1 vom 20.05.2009
BK-TBK-II_Angew-Technik-SP-Software-Web-Entwickl_06_3665_03_4.doc

23 von 28

Vorbemerkungen

Das Fach Angewandte Technik

Vor dem Hintergrund des gesellschaftlichen Wandels müssen fachliche, methodische, personale und soziale Kompetenzen als Grundlage für Studium und Beruf erworben werden. Im Fach Angewandte Technik mit den verschiedenen Schwerpunkten werden diese Kompetenzen in besonderer Weise gefördert.

So vermittelt das Fach Angewandte Technik den Schülerinnen und Schülern mit seinem optional zu erwerbenden Assistentenabschluss die Befähigung, direkt ins Berufsleben einzusteigen oder dient als Grundlage für ein anschließendes Studium.

Die Inhalte können je nach Schulprofil als Schwerpunkt aus folgenden Bereichen gewählt werden:
– Mechatronische Systeme
– Grundlagen der Konstruktion – Bautechnik
– Grundlagen der Konstruktion – Maschinenbau
– Software- und Webentwicklung
– Computerunterstützte Fertigung
– Kommunikation und Gestaltung

Der Schwerpunkt Software- und Webentwicklung

Im Vergleich zur anwendungsorientierten Zielsetzung der Lehrpläne Informationstechnik und Medientechnik im Technischen Berufskolleg I erarbeiten die Schülerinnen und Schüler im Fach Angewandte Technik mit dem Schwerpunkt Software- und Webentwicklung grundlegende Prinzipien und Strukturen in diesem Bereich. Damit ist gewährleistet, dass sich die Schülerinnen und Schüler in andere Programmiersprachen einarbeiten können.

Bedingt durch den schnellen Wandel in der Web- und IT-Welt steht die Umsetzung grundlegender professioneller Programmier- und Entwicklungstechniken im Vordergrund.

Der Lehrplan ermöglicht Freiräume für schulische Projekte. Dies drückt sich in der Aufteilung des Lehrplans in Pflicht- und Wahlmodule aus.

Lehrplanübersicht

Schuljahr		Lehrplaneinheiten	Zeitricht wert	Gesamt- stunden	Seite
1	1	Datenbanktechnik I	30		5
	2	Webentwicklung	30		6
	3	Objektorientierte Programmierung I	30		6
	4	Projektplanung und -erstellung	30	120	7
		Wahlthemen			
	5	Datenbanktechnik II*	30		7
	6	Datenbankbezogene Programmierung (PHP – SQL) I*	30		8
	7	Datenbankbezogene Programmierung (PHP – SQL) II	30		9
	8	Animationstechniken zur Webeinbindung*	30		9
	9	Websiteerstellung mit einem Content-Management-System*	30		10
	10	Objektorientierte Programmierung II*	30		10
	11	Hardwarenahe Programmierung*	30		11
	12	CNC-Programmierung*	30		11
	13	Programmierung einer Kleinsteuerung*	30	60	11
		Zeit für Leistungsfeststellung und zur möglichen Vertiefung		60	

240

* Die Lehrplaneinheiten 5 – 13 sind Wahlthemen, von denen 2 auszuwählen sind.

Technisches Berufskolleg II   Schulversuch 41-6623.1-16/1 vom 20.05.2009
LS-FB 4   23.10.09/gi   BK-TBK-II_Angew-Technik-SP-Software-Web-Entwickl_06_3665_03_4.doc

25 von 28

## 2 Webentwicklung							30

Die Schülerinnen und Schüler planen und fertigen eine Website. Sie berücksichtigen zielgruppengerechte Kriterien der Webgestaltung und achten auf gute Bedienbarkeit. Sie binden dynamische Elemente und kontinuierliche Medien ein. Sie veröffentlichen die Website auf einem Server.

Gestaltung
– Layout mit Ebenen
– Typografie im Web
– mit CSS

Planung
– Layout					Skizze
– Medienbeschaffung			Urheberrecht, vgl. LPE 1 des Lehrplans TBK I
						Medientechnik

Interfacedesign
– Zielgruppen
– Usability
– Navigation
– PopUps					Automatische und gesteuerte PopUps
– Konsistenz der Site

Dynamische Seiten
– Rollover-Effekte				Buttons erstellen, vgl. LPE 4 des Lehrplans
						TBK I Medientechnik
– Ebenentechniken				Ein- und ausblenden
– Kontinuierliche Medien			Einbinden und benutzergesteuert anbieten
						mittels geeigneter Tools

Veröffentlichung
– Validieren				Geeignete Software
– Server					Ggf. lokaler Server
– Impressum				Urheberrecht

## 3 Objektorientierte Programmierung I					30

Die Schülerinnen und Schüler erläutern elementare Begriffe der Objektorientierung. Sie wenden diese auf Problemstellungen an und berücksichtigen deren Bedeutung für die Anwendungsentwicklung.

Vergleich prozedurales Konzept/		Verhältnis Daten (Eigenschaften) – Funkti-
objektorientiertes Konzept			onen (Methoden)

Arbeiten mit einer Entwicklungsumgebung

26 von 28

Nutzen bekannter Strukturen/Abläufe – Datentypen – Deklarationen – Definitionen – Kontrollstrukturen – Typumwandlung	Vgl. LPE 7 des Lehrplans TBK I Informations- technik
Datenabstraktion – Klassenbegriff – Instantierung	Realwelt → Datenabstraktion → Klasse → Instantiierung → Objekte
Datenkapselung	kontrollierter Zugriff auf Daten
Vererbung	Basisklasse, abgeleitete Klassen, zweistufige Klassenhierarchie, Wiederverwendbarkeit

4   Projektplanung und -erstellung   30

Die Schülerinnen und Schüler analysieren Ausschnitte der Realität im Hinblick auf eine Projektarbeit. Die Schülerinnen und Schüler planen ein Projekt systematisch. Sie realisieren und validieren dieses Projekt professionell. Sie setzen ihre Kenntnisse aus diesem Fach ein und ergänzen sie ggf. fächerübergreifend.

Projekteinstieg/-skizze	Themenfindung, Bewerten von Alternativen Problemanalyse und Problembeschreibung
Projektdefinition/-planung	Projektziele Lastenheft, Projektablaufplan, Meilensteine formulieren, Terminplan
Projektdurchführung	Projektsteuerung, Projektcontrolling
Projektdokumentation	Einfache Produktdokumentation
Projektabschluss	Abnahme des Projektergebnisses, Abschlussbericht, Reflexion

5   Datenbanktechnik II   30

Die Schülerinnen und Schüler bedienen und bearbeiten eine relationale Datenbank mit mehreren Tabellen. Sie führen erweiterte Datenanalysen durch und wenden verschiedene Abfragearten an. Sie bearbeiten Formulare und Berichte, die auf spezielle Anforderungen angepasst werden.

Tabellen – importieren und verknüpfen – Nachschlagelisten/Views erstellen – Beziehungen verändern	Referentielle Integrität, Aktualisierungs- und Löschweitergabe

27 von 28

9   Websiteerstellung mit einem Content-Management-System   30

Die Schülerinnen und Schüler erstellen eine Website mit einem Content-Management-System. Sie richten die Benutzerverwaltung für mehrere Autoren ein.

Planung	Anforderungen, Auswahl eines geeigneten Systems, Providerauswahl, zielgruppen-orientiertes Layout
Benutzerverwaltung	Einrichten von Benutzern Rechtevergaben für Administratoren und Autoren
Einpflegen von Inhalten	Ordnerstruktur, Texte, multimediale Inhalte
Erweiterung des CMS mit Modulen	Nachrichtensysteme, Foren, Umfragen, Downloadbereich

10   Objektorientierte Programmierung II   30

Die Schülerinnen und Schüler nutzen sowohl selbst erstellte als auch vorhandene Klassen und Bibliotheken einer praxisrelevanten Programmiersprache. Sie leiten daraus Objekte in einer von ihnen beherrschten Entwicklungsumgebung ab.

Speicherverwaltung	Speicherbelegung
Nutzung/Anpassung vorhandener Bibliotheken	Ein-/Ausgabemethoden; Dateiarbeit, grafische Benutzeroberflächen, Datenbankzugriffe
Ereignisse	Menüs und Dialoge
Deklaration von Objekten	Instanziierung von Klassen, Konstruktoren, Destruktoren
Fehlerbehandlung	Ausnahmen, Fehlerklassen

Technisches Berufskolleg II   Schulversuch 41-6623.1-16/1 vom 20.05.2009
LS-FB 4   23.10.09/gi   BK-TBK-II_Angew-Technik-SP-Software-Web-Entwickl_06_3665_03_4.doc

28 von 28

www.ingramcontent.com/pod-product-compliance
Lightning Source LLC
LaVergne TN
LVHW042309060326
832902LV00009B/1357